SECONDE LETTRE

A M. DUPIN AINÉ,

SUR

LA CENSURE

ET LES JOURNAUX.

Heureux les peuples chez lesquels l'ordre légal protège également tous les citoyens, et courbe toutes les volontés sous l'impartiale et bienfaisante domination des lois !

DUVERGIER DE HAURANNE.

Mon cher Confrère,

LA censure ne peut *légalement* être rétablie ; c'est là une vérité qui me paraît incontestable ; mais elle peut l'être *illégalement* ; c'est une crainte qui ne me paraît pas déplacée en présence de l'administration qui nous gouverne. Lorsqu'on avoue les jésuites, lorsqu'on fraude les élections, lorsqu'on établit des amendes par ordonnance, on peut bien avoir recours à la censure, malgré la loi. Voyons donc, si trois ministres remettaient en vigueur les lois des 3o juillet 182o et 20 mars 1821, quels seraient les droits des journaux ?

Il semble qu'une pareille question devrait faire

sourire dans un gouvernement représentatif, c'est-à-dire, dans un gouvernement où la loi seule domine. Mais il y a dans *ce qu'on appelle nos lois* tant d'impérialisme, dans nos droits tant d'oscillation, dans nos habitudes tant de faiblesse, qu'après treize ans du règne de la Charte, nous sommes encore incertains de ce que nous pouvons opposer à l'arbitraire. Le mot *résistance* est encore un épouvantail ; son alliance avec le mot *légale* nous semble une anomalie. On croit entendre résonner ces mots : *l'insurrection est le plus saint des devoirs.* Sur ce point cependant, il faut convenir que le procès d'Isambert éclaira bien des esprits. Cette guerre de la justice contre la police aurait pu sans doute amener un résultat plus important ; mais si la Cour royale de Paris laissait à la police un pouvoir que nous croyons usurpé, si peut-être la nécessité de certaines arrestations dans une immense capitale fit fléchir le principe, du moins des limites étroites ont resserré cette action odieuse, même lorsqu'elle paraît utile ; du moins les citoyens ont réfléchi sur la *résistance légale*. Quand on vit presque tous les barreaux de France soutenir la doctrine qu'Isambert avait le premier proclamée ; quand on entendit, quand on put relire cette savante dissertation de Me Barthe qui devait enlever d'assaut les inutiles retranchemens de l'accusation ; quand on vit cette accusation mourir sous vos coups redoublés ; quand on écouta votre plaidoirie où la force de la raison le disputait à l'éloquence des preuves, et pour laquelle vos concitoyens viennent de vous décerner une triple couronne, une généreuse ardeur s'empara des esprits. Combien d'hommes, jusqu'alors étrangers à la science du droit, ont senti le besoin de savoir ce qu'ils sont dans leurs rapports avec l'autorité ! Heureuse persécution qui rendit populaire le nom d'Isambert dont la réputation avait, il est vrai, déjà franchi l'étroite enceinte du barreau, mais qui méritait, sans la chercher, une gloire, en quelque sorte, nationale ! Heureuse persécution qui ranima cet esprit de confraternité, si noble, si courageux dans le barreau de l'ancienne France, et qui nous fit connaître qu'il y a de l'écho dans tous les barreaux de la France nouvelle, quand on parle de liberté selon la Charte.

Il faut maintenant se souvenir que la résistance *à l'arbitraire* est *légale*, que la résistance *à la loi* est seule *criminelle*. S'il existe encore un ou deux arrêts qui semblent contrarier cette maxime de droit public, ne les redoutons pas ; nous vivons dans un temps où la magistrature veille sur nos libertés, et nous ne verrons pas s'établir une jurisprudence qui les foulerait aux pieds. Notre mission à nous est de défendre les principes, celle des magistrats est de les appliquer ; les magistrats sont à la hauteur de leur mission : il me semble que le barreau n'est pas au-dessous de la sienne.

Il faut pourtant avouer que nous n'avons pas encore d'idée bien fixe, bien déterminée sur le mot *loi*. Dans cet immense arsénal, peuplé de quarante mille *dispositions* qui se heurtent et se contrarient sans cesse, le juge tâtonne, le jurisconsulte s'égare, le citoyen se perd.

Ce serait sans doute un immense bienfait que celui d'une révision de nos lois, non par ordonnance, mais par un travail complet, émané de la couronne, et soumis aux chambres ; espérons que le ministère qui va succéder à celui qui nous opprime, voudra s'emparer de cette gloire. Mais l'application continuelle de quelques principes pourrait, en attendant, faciliter ce travail important, et rassurer les esprits.

1.º Toute loi en France doit émaner des trois

pouvoirs qui forment collectivement la puissance législative.

2.° Les ordonnances ne doivent être exécutées que lorsqu'elles sont nécessaires à l'exécution des lois, ou qu'elles sont dictées par des motifs de sûreté publique.

Ces deux principes sont textuellement écrits dans la Charte, le premier à l'art. 15 : *la puissance législative s'exerce COLLECTIVEMENT par le roi, la chambre des pairs et la chambre des députés.* Le troisième dans l'art. 14 : *le roi fait les réglemens et ordonnances nécessaires, POUR L'EXECUTION DES LOIS ET LA SURETE DE L'ETAT.*

La conséquence de ces principes est 1.° point de lois en France, si les trois pouvoirs n'ont concouru collectivement à la confection de la règle ; 2.° point d'ordonnance légalement exécutoire, si elle n'est pas nécessaire pour l'exécution de la loi ou la sûreté de l'état.

Qu'on applique ces vérités certaines, que chaque citoyen s'en pénètre, et nous aurons fait des pas immenses dans le gouvernement représentatif.

Mais comment se fait-il que l'application de ces principes soit encore incertaine ? D'où vient qu'en présence d'une ordonnance qui établit des dispositions législatives (comme des amendes ou autres peines), on doute, on balance, et souvent même on se laisse entraîner à punir ? C'est que le passé domine encore le présent ; c'est que l'esclavage de l'empire a rouillé d'avance les ressorts de la monarchie représentative. Napoléon décrétait, les tribunaux frappaient ; voilà sans doute un grand malheur ; mais ce que l'on croirait à peine, Napoléon a décrété, les tribunaux frappent ! Eh quoi ! ces tribunaux que la reconnaissance publique environne pour tant de services rendus à nos libertés, seraient encore liés par des décrets impériaux, contraires, je ne dis pas seulement à la Charte, mais aux lois, aux constitutions qui devaient régir l'empire! Une jurisprudence fatale a prévalu. Mille décrets illégaux s'exécutent, parce que la Cour de cassation a proclamé ce principe : « Sous l'empire, il existait une constitution qui déclarait valides tous les actes du gouvernement non attaqués pour cause d'inconstitutionnalité; donc tous les actes qui n'étaient pas annulés demeuraient sous la présomption de *constitutionnalité*, et doivent être exécutés ». Cette opinion de la Cour suprême nous paraît une grave erreur en fait et en droit. J'appelle l'attention sur la discussion épineuse à laquelle je vais me livrer; on sent bien qu'un jeune avocat, luttant contre une jurisprudence émanée de la Cour suprême, soumet de respectueuses observations, plutôt qu'il n'élève de critiques. Au reste, si la Cour de cassation se trompe, les conséquences de son erreur sont terribles; si je suis dans l'erreur, mon opinion tombe d'elle-même. Voici les articles constitutionnels auxquels se réfère la Cour de cassation. « Le sénat *maintient* ou *annule* tous les *actes* qui lui sont *déférés comme inconstitutionnels* par le *tribunat* ou par le *gouvernement* » (art. 21 de la constitution consulaire).

» Le tribunat défère au sénat, pour cause d'inconstitutionnalité seulement, les actes du corps législatif et ceux du gouvernement (art. 28, §. 3).

» Tout décret du corps législatif, le dixième jour après son émission, est promulgué par le premier consul, à moins que, dans ce délai, il n'y ait eu recours au sénat pour cause d'inconstitutionnalité. Ce recours n'a point lieu contre les lois promulguées (art. 37). Le gouvernement propose la loi et fait les réglemens nécessaires à son exécution ». (art. 44).

Pour bien comprendre ces divers articles, il

faut se reporter à l'époque où fut promulguée cette constitution, et se rappeler les pouvoirs qu'elle fit entrer dans l'organisation de la république. Le gouvernement, composé de trois consuls, le sénat conservateur, le tribunat, le corps législatif. Parmi ces pouvoirs, le premier et le dernier pouvaient faire ou produire des actes inconstitutionnels. Censeurs vigilans, les tribuns devaient déférer au sénat ceux qui émanaient du gouvernement ou du corps législatif ; le gouvernement devait aussi avoir le droit de déférer ceux qui émanaient du corps législatif. Veuillez, je vous prie, faire une première réflexion, c'est que le tribunat et le gouvernement avaient seuls ce pouvoir. Quelques années s'écoulent, et Napoléon arrive à l'empire. Une nouvelle constitution sort du cerveau de Jupiter, et celle-ci renferme à l'art. 70 les dispositions suivantes : « Tout décret rendu par le corps législatif peut être dénoncé au sénat par un sénateur, 1.° comme tendant au rétablissement du régime féodal ; 2.° comme contraire à l'irrévocabilité des ventes des domaines nationaux ; 3.° comme n'ayant pas été délibéré dans les formes prescrites par les constitutions de l'empire, les réglemens et les lois ; 4.° comme portant atteinte aux prérogatives de la dignité impériale et à celles du sénat ; sans préjudice de l'exécution des art. 21 et 37 de l'acte des constitutions de l'empire, en date du 22 frimaire an 8 ».

Le sénat se trouva dès lors investi du droit d'annuler ou de maintenir, *proprio motu*, les *décrets rendus par le corps législatif*, non *les actes inconstitutionnels du gouvernement* qui, d'après l'art. 21 de la constitution de l'an 8, devaient, pour être annulées, lui être déférés par le tribunat. Mais, bientôt après, le tribunat fatigue Napoléon ; cette institution, toute républicaine, ne s'allie pas avec ses idées impériales. Le tribunat est supprimé. Il ne reste plus que Napoléon pour déférer au sénat les actes inconstitutionnels de Napoléon ou du pouvoir législatif. J'admets que l'art. 21 ait survécu à la dissolution du tribunat ; que cet anéantissement du tribunat n'ait pas anéanti la loi que l'on invoque ; du moins faudra-t-il bien me concéder que les actes du pouvoir législatif pouvaient seuls être déférés au sénat, comme violant la constitution ; il y aurait quelque chose d'absurde à soutenir que le gouvernement aurait déféré au sénat les actes inconstitutionnels du gouvernement. Or, quels sont ces actes ? Lorsque la république s'évanouit, et que le nouvel Octave prit le titre d'Auguste, il *gouverna* seul et sans partage ; les actes inconstitutionnels du *gouvernement* sont donc les décrets de Napoléon, contraires aux constitutions et aux lois. Ces décrets, ne pouvant pas être déférés au sénat par une autre autorité que celle de Napoléon qui les rendait, il est évident que l'art. 21 de la constitution de l'an 8 restait sans application possible. Et qu'on n'argue pas du silence du sénat. La constitution ne lui permettait pas l'initiative ; il maintenait ou annulait *lorsqu'on lui déférait.*

Cela posé, raisonnons en droit : l'art. 21 a été conçu dans l'intérêt des garanties constitutionnelles sur lesquelles veillaient les tribuns et le gouvernement, et que le sénat conservait. Il était conçu de manière à maintenir un juste équilibre. Le gouvernement ou le pouvoir législatif se permet-il un acte inconstitutionnel, le tribunat le défère au sénat qui l'annule ; le pouvoir législatif, rend-il un décret qui attente à la constitution, le gouvernement le défère au sénat qui l'annule. Tel est l'esprit de cet article ; pour l'anéantir, il fallait l'*accord du gouvernement et du tribunat.* Cet accord n'étant pas supposable, lorsque ni l'un ni l'autre de ces deux pouvoirs ne portait sa plainte au sénat, l'acte était valable, comme présumé constitutionnel (art. 37). Plus tard, le gouvernement ne se borna pas à pouvoir signaler au sénat les attaques du corps législatif, il voulut encore que le sénat les annulât *proprio motu* : le corps législatif était donc bien contenu par la triple action du tribunat, du gouvernement et du sénat, et le gouvernement trouvait ses adversaires dans les tribuns et le sénat. Ainsi, tout se trouvait garanti. Mais le tribunat tombe, et voici la position des pouvoirs. Le gouvernement peut déférer au sénat les actes inconstitutionnels du corps législatif, le sénat peut aussi les annuler *proprio motu*; mais PERSONNE NE PEUT PLUS DE-FERER au sénat les actes inconstitutionnels du gouvernement, et le sénat *n'a pas le droit de les annuler*, à moins qu'on les lui défère ; donc les actes inconstitutionnels du gouvernement ne peuvent plus être annulés ; donc ils ne sont pas censés constitutionnels par cela qu'ils ne sont pas annulés, puisque leur annulation était impossible. Supposons en effet que le sénat eût voulu anéantir le réglement de 1810 sur la librairie. Sur quoi se serait-il fondé pour en prononcer l'inconstitutionnalité ? Serait-ce sur l'art. 21 ? Mais il porte : « le sénat annule les actes *qui lui sont déférés* par le gouvernement ou le tribunat » ; or, le tribunat n'existait plus et le gouvernement ne pouvait pas déférer ses propres actes. Serait-ce sur l'art. 70 ? Mais le *propre mouvement* n'était donné au sénat que contre *les décrets du pouvoir législatif*, et le pouvoir législatif n'était pour rien dans cette conception révoltante. Le sénat ne pouvait donc pas se permettre d'annuler un décret de Napoléon comme inconstitutionnel ; le sénat serait alors devenu *pouvoir usurpateur*. Il fallait donc que ces décrets restassent, tant que la volonté nationale ne se soulevait pas contre l'oppression et la tyrannie, tant qu'elle ne demandait pas compte à l'empereur des constitutions de l'empire ! Et qu'on ne dise pas que je prêche la révolte ; l'accusation serait par trop singulière.

Le sénat ne pouvait donc pas annuler les décrets de Napoléon ; il les subissait comme le reste de la nation. La gloire avait fasciné nos yeux ; *tous les pouvoirs étaient confondus* ; mais lorsque le premier corps de l'état prononça la déchéance, il frappa de réprobation tous les actes qui avaient violé les constitutions jurées, et l'on trouve dans le sénatus-consulte du 2 avril 1814, comme motif de la déchéance encourue : « Considérant que Napoléon Bonaparte *avait confondu tous les pouvoirs* ». Enfin la Charte parut, et son art. 68 conserva seulement le Code civil et *les lois existantes* qui n'étaient pas contraires à la Charte. Cet article seul raya tous les décrets, puisqu'ils n'étaient pas des lois ; il ne consacra que ceux qui étaient destinés à l'exécution des lois, mais il anéantit tous ceux *qui ne se rapportaient pas à des lois* ; ou du moins, tous ceux qui violaient des lois ou renversaient les constitutions.

Je ne sais si je m'abuse, mais il me semble que jamais argument ne fut poussé plus loin. Tant que la constitution de l'an 8 ne fut pas modifiée, le sénat pouvait, sur la plainte du gouvernement, annuler les actes inconstitutionnels du corps législatif ; sur la plainte du tribunat, annuler les actes inconstitutionnels du gouvernement. Mais, lorsque le tribunat cessa d'exister ; lorsqu'aucun pouvoir constitué n'eût mission de déférer au sénat les actes de Napoléon, de l'impossibilité de se plaindre résulta l'impossibilité de les annuler. Dès lors il fallut appliquer l'art. 21 de la constitution de l'an 8 dans le sens où il était applicable. Le sénat pouvait annuler les décrets législatifs qui, d'après l'art. 37, avaient force de loi s'ils ne lui étaient déférés dans les dix jours, ou si lui-même ne les cassait comme inconstitutionnels, en vertu de l'art. 70 de la constitution impériale; mais les actes de Napoléon étaient inattaquables ; la constitution indignement violée par la suppression du tribunat n'offrait aucun moyen de résistance. Le puissant génie qui commandait à la victoire imposait ses ordres comme des arrêts du destin (1) ; tant de gloire dérobait à tous les yeux l'abîme qui se creusait chaque jour ; le prestige s'évanouit enfin : alors nous éprouvâmes le besoin de revenir au règne des lois, et la Charte, renouant les temps anciens avec les temps nouveaux, rejeta loin d'elle tout ce qui n'était pas consacré par la légalité. Depuis le jour qu'elle fut promulguée, ou plutôt depuis le jour de la chute de l'empire, les décrets impériaux, postérieurs au renversement du tribunat, cessèrent d'exister. Jamais ils n'auraient

(1) En l'an 13 et en 1806, les Cours de Paris et d'Orléans jugèrent, en matière de divorce, sans avoir égard à un décret de Napoléon, du 18 prairial an 12, sur un avis du conseil d'état ; mais la Cour suprême cassa, par suite du principe qu'au sénat seul appartenait le droit d'annuler les décrets inconstitutionnels. Elle avait raison, le tribunat existait. Il ne fut supprimé qu'en 1807. Mais elle eut tort, a mon avis, lorsqu'elle cassa en 1820 un arrêt rendu en 1819 par la Cour royale de Douai, en consacrant dans un motif la doctrine que j'attaque. « Considérant que les actes du gouvernement qui ont précédé la » restauration du trône et qui ont été exécutés comme » des lois, sans opposition des pouvoirs qui avaient le » droit de juger s'ils renfermaient une usurpation de » l'autorité législative, doivent conserver le même caractère et la même force d'exécution, jusqu'à ce qu'ils aient » été légalement révoqués ou modifiés, a moins qu'ils ne » se trouvent anéantis par un texte précis de la Charte » constitutionnelle ».
Remarquez au reste que l'arrêt aurait dû être cassé, parce qu'il s'agissait de l'application d'un décret de l'an 13 non attaqué par le tribunat qui existait encore.

dû être exécutés ; dès ce moment, ils ne durent plus être invoqués contre nous. Les lois seules restèrent, parce que les lois vivent tant qu'elles ne sont pas abrogées. La Charte n'eût-elle pas renfermé les dispositions de son art 68, tout ce qui, dans les lois, aurait pu se concilier avec elle serait resté debout sur les ruines de l'empire (1). Il faut donc, ce me semble, regarder comme certaine l'abrogation des décrets impériaux qui avaient envahi la place des lois. Peu importe qu'ils n'eussent pas été attaqués par le sénat, ils n'avaient eu qu'une force d'usurpation. Enfin, pour ne laisser aucun doute sur

(1) Ceci répond à la phrase de M. Duvergier de Hauranne que j'ai citée dans ma première lettre. Les constitutions de 91, de l'an 3 et de l'an 8 n'ont pas été abrogées ; elles sont évidemment comprises dans les lois maintenues par l'art. 68 de la Charte, en tout ce qui n'est pas contraire au texte et à l'esprit de cette Charte. Si plusieurs articles de ces constitutions sont abrogés, c'est parce qu'ils ne peuvent se concilier avec le pacte de 1814 : ainsi, je livre à M. Duvergier de Hauranne l'art. 75 qui est vraiment une dérision dans un gouvernement représentatif ; mais ces constitutions ont consacré des droits et des principes *dont la Charte n'est que le développement*, ainsi que l'a reconnu la chambre royale au 16 mars 1815. En droit, il est bien certain qu'une loi vit tant qu'elle n'est pas abrogée implicitement ou explicitement par une autre loi ; c'est-à-dire, par le *texte* ou l'*esprit* d'une loi postérieure ; or, ici le texte de la Charte n'abroge pas nos constitutions, l'esprit de la Charte n'abroge que ce qui est *incompatible avec elle*. Comme citoyens, ne nous plaignons pas. Elles vivent ces constitutions qui furent *librement acceptées* ; elles vivent ces constitutions qui assurèrent à la nation *les droits naturels et imprescriptibles pour la conquête desquels elle se leva en masse en 1789, de concert avec son Roi !* Elles vivent pour rappeler *que tous les gouvernemens qui, depuis 1791, ont méconnu les droits de la nation, ont été renouvelés, et que nul gouvernement ne peut plus se soutenir en France, qu'en suivant très-exactement la ligne des principes constitutionnels.* (Déclaration de la chambre royale, en mars 1815)

ce point si important de notre droit, comparons les art. 21 et 28 de la constitution de l'an 8, et l'art. 70 de la constitution impériale, avec l'art. 37 de la première, la démonstration sera complète.

Par l'art. 21 le sénat maintient, ou annule *tous les actes* qui lui sont déférés comme inconstitutionnels par le tribunat ou par le gouvernement ; cet article ne fait pas d'exception : *tous les actes* ; la même expression se trouve dans l'art. 28 : *les actes*, sans limitation.

Au contraire, lisons avec attention l'art. 70 de la constitution de l'empire et rapprochons-en les termes avec ceux de l'art. 37. TOUT DECRET RENDU PAR LE CORPS LEGISLATIF pourra être dénoncé au sénat par un sénateur, etc. Il ne s'agit plus de TOUS LES ACTES, ce qui embrasse dans sa généralité tout ce qui émane du gouvernement ou du pouvoir législatif, mais seulement des *décrets rendus par le corps législatif* ; il est bien évident que la censure du sénat ne peut s'exercer sur les autres actes (sauf dans les cas prévus à l'art. 21).

Venons à l'art. 37 : *tout décret du corps législatif*, dix jours après son émission, est promulgué, à moins que, dans ce délai, il n'y ait recours au sénat, etc. L'expression est la même ; *tout décret du corps législatif*. Cette expression tranche la difficulté. La Cour de cassation a dit : Il existait un pouvoir qui devait annuler les décrets dans un délai fixé, à défaut d'annulation, il fallait obéir : mais LES DECRETS que ce pouvoir devait attaquer dans les dix jours : LES DECRETS qui devenaient obligatoires, après les dix jours, c'était LES DECRETS DU POUVOIR LEGISLATIF ; la constitution est précise, elle n'est pas sujète à interprétation, parce qu'elle est claire et sans ambiguité.

Mais les décrets impériaux, qu'en fallait-il faire? Ce qu'il en fallait faire ? Ce qu'il faut faire aujourd'hui·

des ordonnances qui usurpent le domaine de la loi ; les proscrire avec sévérité, ne pas leur donner entrée dans le sanctuaire de la justice !

La loi parle, il suffit, ce sont là nos oracles.

Oui, disons-le hautement, nous n'entrerons dans la legalité, que lorsque la loi sera seule écoutée. Instituée pour ramener toutes les Cours à la loi, la Cour de cassation peut donner un bel exemple, en réformant une jurisprudence erronée ; elle est placée assez haut dans l'état et dans l'opinion publique, pour qu'une proclamation des vrais principes, partant de l'auguste enceinte où elle prononce ses arrêts, retentisse dans tout le royaume, et donne aux gouvernemens une leçon salutaire. Mais, que dis-je ? cet exemple est donné. La Cour royale de Paris a pris l'initiative. Son arrêt du 22 novembre établit en termes formels la distinction que je soutiens, entre les lois et les décrets ; la théorie que je développe avec conviction, elle l'a consacrée, et je m'appuie aujourd'hui sur son imposante autorité. Les lois du gouvernement impérial subsistent, les décrets illégaux ont pris fin ; ainsi l'a reconnu cette Cour, jalouse de s'élancer la première dans la bonne route, et de donner un exemple digne d'elle. Elle avait signalé l'ultramontanisme, démasqué les jésuites, épouvanté les auteurs des barricades parisiennes, et la voilà qui anéantit par deux arrêts les décrets impériaux et les ordonnances royales, contraires à la constitution (1) ! Décisions admirables qui enseignent aux peuples cette maxime de tous les temps et de tous les gouvernemens : *In legibus salus !* Espérons main-

(1) Voy. la *Gazette des tribunaux*, du samedi 24 novembre 1827, et celle du mercredi 5 décembre.

tenant que les décrets de Napoléon perdront cette espèce d'inviolabilité dont ils étaient entourés ; le premier coup est porté ; abattons cet arbre de la tyrannie sous lequel se réfugient encore ceux qui veulent nous tenir enchaînés dans un gouvernement libre, rappellant à nos souvenirs ce mot de *liberté* mis sur les chaînes qui chargeaient à Venise les mains des condamnés !

La doctrine que je combats aurait fini par faire prévaloir, depuis la restauration, les ordonnances royales sur les lois Tout imbu des doctrines de l'empire, le gouvernement royal enfantait des ordonnances législatives, comme Napoléon des décrets, et il réclamait la même obéissance. Pourquoi donc ne l'aurait-il pas réclamée ? Si la Charte renferme l'art. 14 qui ne permet au roi que les ordonnances nécessaires à l'exécution des lois, la constitution de l'an 8 renfermait l'art. 44, qui portait aussi : Le gouvernement propose les lois et fait les réglemens nécessaires à leur exécution. Si le gouvernement impérial régissait la France avec des décrets obligatoires, comment le gouvernement royal serait-il blâmé ou empêché de produire des ordonnances ? Aussi, depuis l'ordonnance de 1814 qui rétablit la législation de la presse, abrogée par la Charte, jusqu'à l'ordonnance de 1827 qui a voulu rétablir le réglement de 1723, combien de violations de la Charte ! En parcourant les recueils où chaque ministre se fait législateur, on trouve partout le gouvernement impérial, sauf la gloire. Il semble qu'on n'ait voulu répudier de Napoléon que ses lauriers. Mais le temps marche, et, de même qu'il ensevelit à jamais les abus de l'ancien régime ou le despotisme de l'empire, de même il amène et développe ces idées de liberté légale qui font le bonheur des peuples et sont la sauvegarde des trônes. Nos progrès dans la science du gouvernement re-

présentatif dépasseront toutes les espérances; les tribunaux, qui se sont mis en tête du mouvement constitutionnel, ont pris soin de séparer le ministère du roi;
ils n'ont vu dans les ordonnances que ce qu'elles sont:
l'œuvre d'un ministre responsable qui ne peut ser-
vir de fondement à leurs arrêts, que si elle est
appuyée sur une loi : en un mot, il est aujour-
d'hui de principe qu'une ordonnance ne lie les
citoyens, qu'autant qu'elle est nécessaire à l'exécution d'une loi ; les magistrats jurent fidélité à la
Charte, ils tiennent leur serment. Un avocat-gé-
néral rend lui-même un juste hommage au principe,
et reconnaît qu'une ordonnance tombe d'elle-même,
si la loi ne la soutient pas (1).

Mais, ce n'est que par une ordonnance que les
ministres peuvent rétablir la censure : le procès entre
eux et les journaux serait donc bientôt jugé. En
effet, dans notre première lettre, nous avons dé-
montré que la censure ne pouvait être *légalement*
remise en vigueur; l'ordonnance qui la rétablirait
serait illégale ; bien loin d'être nécessaire à l'exécution de la loi, elle en violerait les dispositions; elle
serait donc sans application possible, et les journaux
ne devraient pas obéir.

Ici j'adopte en entier tout ce qui est écrit dans
la consultation de M.ᵉ Isambert; j'ajoute seulement
que, si le gouvernement peut suspendre le journal
pendant les poursuites, les poursuites ne commen-
cent que par l'assignation donnée à l'éditeur responsable, ou par tout acte qui signale la poursuite au
journal (2) : cet acte, il ne faut pas l'attendre; il

(1) (*Voy. la Gazette des tribunaux du 5 décembre*). Chose
étrange ! sous le gouvernement du roi, les ordonnances il-
légales meurent, les décrets illégaux vivent ! Que le même
tombeau les réunisse, et le triomphe de la loi est assuré.

(2) La saisie qui serait pratiquée à la poste, si l'on osait
saisir, ne serait un acte de poursuite que lorsqu'elle aurait été signifiée à l'éditeur responsable.

faut que les journaux devancent le gouvernement, et que 'le procès se juge avant que la suspension puisse être prononcée. Quelle que soit l'activité de la partie poursuivante, elle ne peut aller *plus vite que la loi.* On saisira le journal; le journal appellera devant les tribunaux en main-levée de la saisie, sur une ordonnance d'urgence : devenu lui-même *poursuivant*, il empêchera la fatale mesure de la suspension, et il restera, d'une ridicule levée de boucliers, un nouveau jugement utile à la chose publique. Les journaux, en effet, sont aujourd'hui un des premiers besoins de la société ; elle trouve, dans ces feuilles qui se répandent chaque jour sur tous les points du royaume, l'expression de ses vœux et de ses besoins ; elle applaudit à de justes critiques, à des reproches mérités contre les actes d'une administration qui semble se jouer de nos lois ; elle répète avec orgueil les noms sortis de l'urne électorale que lui transmettent avec acclamation les journaux débarrassés du fléau de la censure. Vainement le ministère épouvanté crie-t-il au *journalisme* ; le journalisme est une puissance qu'il a non pas créée, mais fortifiée chaque jour par ses attaques continuelles contre tous les bienfaits de la révolution. Les journaux sont aujourd'hui devant le public, ce que sont les avocats dans une cause politique. Tout l'intérêt vient à eux ; ils défendent. Ils sont d'ailleurs une des nécessités du gouvernement représentatif. Lorsque la tribune est muette, lorsque le peuple n'entend plus ses défenseurs, lorsqu'il ne peut s'adresser aux chambres, c'est aux journaux qu'il a recours. Les journaux sont une véritable tribune où chaque citoyen vient à son tour porter une plainte, dénoncer un abus, provoquer une mesure utile, faire entendre le blâme ou l'approbation. Lorsque la session des chambres a pris fin, il faut que le peuple trouve un appui ; la liberté de la presse, dont le *journalisme* est le triomphe, forme alors un contre-poids qui rétablit l'équilibre; sans les journaux, dans l'intervalle des sessions, le pouvoir du gouvernement serait immense, et la part du peuple dans la constitution serait à peu près nulle. Ce qui rend la loi de 1822 détestable, c'est qu'elle tue les journaux, lorsque la tribune est sans voix..... Que devient alors la balance des pouvoirs, si nécessaire dans un gouvernement représentatif? .... Organes de l'opinion publique, les journaux croissent en puissance, lorsqu'animés d'un vrai patriotisme, ils censurent avec vigueur les abus du pouvoir ou les actes qui violent la constitution. Un ministre eut le triste courage de faire connaître à la tribune le *bilan* du Constitutionnel, qu'apprit-il à la France? Que le journal qui représente le mieux les opinions de l'immense majorité de la nation, avait 20,000 abonnés : et ses journaux à lui, combien? Comparez le Journal des Débats de 1827 au Journal des Débats de 1820; ses colonnes, toujours si remarquables par le talent des rédacteurs, sont aujourd'hui consacrées à la défense de nos institutions; chaque ligne, en quelque sorte, lui vaut un abonnement; et la Gazette de France, combien en compte-t-elle? C'est que les journaux constitutionnels ont flétri, dès leur naissance, et ce projet de loi contre-révolutionnaire sur le droit d'aînesse, qui nous promettait les cadets de l'ancien régime, et les religieuses du temps passé; et ce projet inique sur la police de la presse, qui confisquait notre librairie au profit des Pays-Bas, et notre Charte au profit de la congrégation; conceptions que les journaux du ministère trouvaient sublimes, et présentaient avec emphase à l'admiration de quelques lecteurs, employés du gouvernement! C'est que les journaux constitutionnels ont poursuivi de leurs sifflets le licenciement de la garde nationale

C'est une grande et belle mission que celle qui appartient aux journaux de notre époque. Une génération est là qui, étrangère aux crimes de la révolution, veut recueillir les fruits d'un événement unique dans les fastes de monde. Avide de science, elle aspire au calme et au repos nécessaires à l'étude et aux méditations; fière des libertés conquises par ses pères, elle sent que son bonheur est dans leur conservation, et sa tranquillité dans leur triomphe. Mais une faction insensée, traînant à sa suite les gothiques préjugés, les folles espérances, rêve le retour des abus qui s'écroulèrent avec tant de fracas dans le dernier siècle; suppléant au nombre par l'audace, ou à la force par la ruse, elle veut placer la couronne d'un roi de France au-dessous de la tiare d'un prince étranger; ensevelir la liberté des cultes sous le poids d'une seule religion, la liberté individuelle sous le pouvoir arbitraire, la liberté de la presse sous la censure. C'est cette faction qu'il faut harceler et poursuivre sans relâche; il faut démasquer son hypocrisie, abaisser son orgueil, dévoiler sa feinte humilité; il faut l'attaquer dans ses espérances, dans ses actes, dans ses projets; il faut lui faire une guerre de tous les jours, de tous les instans. C'est aux journaux que cette tâche est réservée; elle est pénible, mais elle est grande; elle offre quelques dangers, mais beaucoup de gloire. Opposer la loi aux usurpations du pouvoir, la Charte aux attaques contre nos libertés, le langage de la raison aux rêves de la folie, la modération aux injures, la religion au fanatisme, voilà les devoirs imposés aux journaux constitutionnels. Qu'ils continuent donc à les remplir avec zèle et persévérance; la cause

numéro de septembre 1827). Mais M. Canning avait pris pour devise *liberté civile et religieuse pour tous les peuples*, et notre ministère a écrit sur son drapeau : *liberté civile et religieuse.....pour les jésuites !*

est grande et les appuis ne leur manqueront pas.
Ils auront, contre les attaques des journaux vendus,
la plume des meilleurs écrivains, contre les abus
d'autorité, les arrêts des Cours royales, et enfin
contre la congrégation ultramontaine le secours de
la nation tout entière !

Je termine ici, mon cher confrère, un travail qui
sans doute aurait demandé une connaissance plus
approfondie des lois qui nous régissent, et une plus
longue étude de notre droit public et privé ; mais
si les idées que je viens d'émettre pouvaient dé-
terminer un plus habile à traiter les graves ques-
tions que j'ai soulevées ; si le nom d'un jurisconsulte ou d'un publiciste célèbre venait appuyer ma
conviction de son éloquence, toutes mes espérances
seraient remplies ; car je n'ai pas écrit avec l'or-
gueilleuse pensée que je ferais autorité, mais avec
l'idée que j'appellerais la discussion.

Agréez, mon cher confrère, etc.

Ad. CRÉMIEUX.